PÉTITION

D'UN BOSSU

A

L'ASSEMBLÉE NATIONALE

PARIS

LIBRAIRIE GAULOISE

7, CARREFOUR DE L'ODÉON, 7

1871

Prix : 60 c.

PÉTITION

D'UN BOSSU

A

L'ASSEMBLÉE NATIONALE

PÉTITION

D'UN BOSSU

A

L'ASSEMBLÉE NATIONALE

PARIS

LIBRAIRIE GAULOISE

7, CARREFOUR DE L'ODÉON, 7

1871

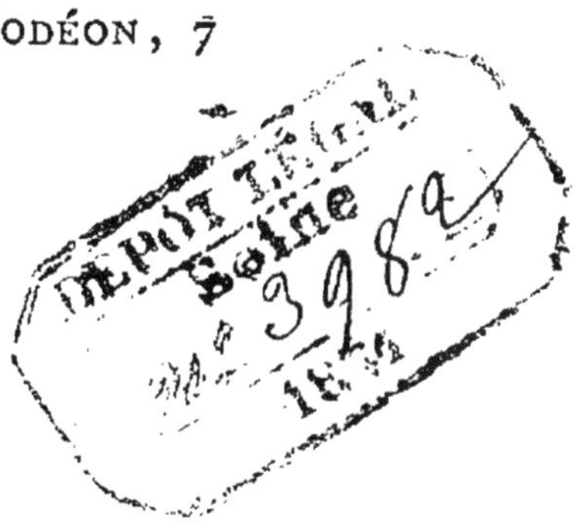

PÉTITION

D'UN BOSSU

A

L'ASSEMBLÉE NATIONALE.

Très-honorables

et très-honorés Messieurs,

Retiré, par économie, au fin fond d'une province, ce n'est qu'hier, en ouvrant la *Sardine blanche*, journal de ma sous-préfecture paraissant tous les quinze jours, que j'ai eu connaissance du projet de loi, déposé par l'honorable M. Vingtain, concernant l'impôt sur les célibataires.

La sensation que m'a fait éprouver la lecture de ce document législatif et historique, a été profonde et terrible, — je ne le cacherai pas. Mes fonctions digestives en ont été suspendues, et ma nuit s'est passée dans le trouble, l'agitation et l'insomnie.

Certes, je suis intimement convaincu que l'honorable M. Vingtain n'a pas eu la détestable pensée d'enfoncer un trait empoisonné dans le cœur de plus de deux cent mille malheureux comme moi, et de les pousser aux dernières limites du désespoir ! Non, non. L'honorable

M. Vingtain a été mû par un tout autre sentiment.

Il a pensé qu'après tout, il n'avait pas été nommé pour ne rien faire.

Il s'est dit :

— La France a les yeux sur toi, et les électeurs scrutent tes actes. Iras-tu te présenter devant eux les mains vides? Laisseras-tu soupçonner au monde que tu as reçu en vain du ciel, par l'entremise de ton père et de ta mère, un appareil célébral complet? Non! il faut sortir de ce rôle effacé de comparse, qui consiste à faire dans des moments donnés le murmure ou la tempête, et à exceller dans la manœuvre du couteau à papier.

Odi profanum vulgus.... Voyons, faisons quelque chose. Ce ne sera pas un discours : trop d'éloquence pourrait te rendre suspect d'attachement à Gambetta. Sans doute, on a toujours la ressource de confectionner quelque chose de sans queue ni tête, comme M. Belcastel, ou d'assommant , comme M. Michel des Basses-Alpes. Mais c'est égal : la tribune n'en est pas moins un péril, et rien ne m'assure d'arriver au bout de mon galimatias. Ah! ah! j'y suis! Légiférons.— Parbleu, ne suis-je pas précisément législateur ? La, méditons et choisissons.

Il faut quelque chose qui frappe les esprits, quelque chose qui dénote le pen-

seur, surtout quelque chose de patrioti-
que!... Voilà! Un impôt?... Ça y est!

On impose tout! Eh bien, prouvons
qu'on peut encore imposer quelque chose!
La France a besoin d'argent! Ouvrons-lui
de nouveaux trésors.

Montrons-lui un filon d'or extraordinaire, dont nul ne se doute. Un impôt
sur les cordons de sonnettes? Cela pourrait être confondu avec l'impôt sur le
coton ou sur la soie. Les chiens? imposés! Les chats? proposés! Les oiseaux?
idem! Les pianos? idem! Les portiers?
oh! oh! c'est trop dangereux! Ventre-
saint-gris! imposons les célibataires. —
D'une pierre nous ferons deux coups.

Le Trésor y trouvera des ressources

inattendues, et ce sera œuvre morale et pie.

Le célibataire, en effet, est complétement inutile sur terre. Il consomme et ne produit pas.

C'est un parasite de la génération. En n'acceptant aucune charge de la société, les célibataires se sont mis eux-mêmes hors de la condition humaine.

On doit les imposer comme de véritables poissons salés, et encore ces derniers servent-ils à la nourriture du pauvre !

Somme toute, c'est une engeance sinon nuisible, du moins suspecte ! Il ne fait pas bon d'en voir nicher trop près d'une honnête famille ! Qu'on les livre impitoyablement à la rigueur du fisc !

— Ainsi a raisonné l'honorable M. Vingtain. D'où l'on voit qu'il a voulu tout bonnement immortaliser son nom, par l'enfantement d'une loi ayant un caractère d'ubiquité et de pérennité, indépendante des questions de temps et de lieux, s'étendant à tous les siècles, à toutes les générations !

Il est donc bien entendu que je n'incrimine en aucune façon les intentions de l'honorable M. Vingtain: mais je soutiens que si ce projet d'impôt était adopté tel quel, ce serait la plus criante des iniquités, sur cette planète où les iniquités crient déjà si fort de tous côtés. D'un seul vote, l'Assemblée frapperait plus de victimes innocentes que la célèbre et terrible Convention.—- Je lâche toute ma pensée : ce serait un décret de suicide général !

Surtout, messieurs les Députés, veuillez bien ne pas considérer ces expressions comme le résultat d'une surexcitation bilieuse. Mon médecin est là pour attester au besoin que je suis, hors mes infirmités naturelles, parfaitement sain de corps et d'esprit— et que mon pouls, parfaitement régulier, ne bat pas plus de soixante-cinq fois à la minute. Je n'ai rien outré, et mes termes sont strictement ceux de la vérité.

— Je le dis et je le prouve :

D'abord, qu'est-ce qu'un célibataire ?—

Un homme qui n'est pas, ou n'a pas été marié. — Eh bien ! faut-il, par ce seul fait que l'on est privé des soins et de l'affection d'une épouse tendre et pure, être frappé d'une sorte de réprobation sociale — car la loi aura cet effet — et créer une véritable classe de gens taillables et corvéables à merci, parce qu'ils sont malheureux ?

Tenez, à ce seul nom d'époux, les larmes me viennent aux yeux. Oui, car il faut que vous le sachiez, autant que l'honorable M. Vingtain, j'ai la bosse du mariage. Voici ma tête, voyez et palpez— mais le malheur est que j'ai encore deux autres bosses dont l'honnête représentant n'a sans doute pas de traces : une dans le dos, l'autre dans le ventre ; deux énormes excroissances qui, pompant le meilleur de ma substance, ne m'ont pas laissé m'élever à plus de quatre pieds au-dessus du sol. J'ai, en outre, un grand diable de nez qui ne rentre qu'avec peine dans les verres de dimension ordinaire, et aussi les jambes quelque peu cagneuses. — A part ça, le reste parfait. Belle chevelure, bonnes dents, regard angélique, des manières dont la distinction rappelle Talleyrand, et de l'esprit comme Triboulet.

Dans cet état, j'atteignis l'âge de la puberté. Ma vocation pour le mariage se manifesta aussitôt, d'une manière éclatante, irrésistible. J'entrevis une superbe créature , blonde comme une fille de Deutsch qu'elle était, et haute comme un carabinier à cheval. C'en fut assez. — Je brûlai du désir immodéré de m'unir à elle, dans les liens sacrés de l'hymen. Je calculai que les six pieds de mon Allemande, ajoutés aux quatre miens, formaient un total de dix pieds , et qu'ainsi, à nous deux, nous pourrions fournir à l'Etat des citoyens dans les conditions requises.

Mais, hélas ! je ne pus jamais parvenir à faire entrer ce calcul dans la tête de ma bien-aimée. En vain déployai-je des trésors d'habileté et d'éloquence ! En vain lui dépeignis-je sous les plus attrayantes couleurs le bonheur de la famille , et la poule au pot, et les beignets de pomme préparés de sa main. — Dithyrambes, supplications, larmes, rien n'y fit. Elle me déclara, l'inhumaine ! qu'avant de me rendre suzerain de ses puissants appas, elle préférerait concourir toute sa vie pour le prix de vertu ! Vous peindrai-je ma douleur ! Ah !

Quis talia fando, Myrmidonum Dolopumve....

La mort m'apparut comme unique remède ! j'y étais parfaitement résolu, j'hésitais seulement sur le moyen : le poison, le charbon, la corde ou le glaive. Après mûre délibération, j'avais fait choix de la corde, comme offrant le plus d'avantages — je le prouverai quand on voudra — et déjà je me voyais suspendu dans l'espace, ballotté par l'aquilon, planant enfin au-dessus de la marâtre nature ainsi qu'une malédiction, quand tout à coup ma vocation de plus en plus irrésistible pour le mariage, dominant toutes mes pensées, me fit rechercher une nouvelle beauté, qui consentît à devenir ma femme !

Cette fois, me rappelant la sagesse antique qui veut qu'on ait plus d'une corde à son arc, j'en courtisai trois en même temps. Sur trois, il m'en resterait bien une ! Eh bien, pas du tout ! Sur trois il ne me resta rien ! D'autres se seraient découragés — mais moi, je suis plus têtu que bossu, et puis je viens de le dire, ma vocation pour le mariage était de plus en plus irrésistible. Je me remis donc courageusement en marche à la découverte de l'épouse adorée qui devait béatifier mon existence, en l'arrosant de lait et de miel!

Il y a trente-neuf ans que je cherche : j'ai fait juste cent quarante demandes et essuyé juste cent quarante refus!

Et c'est moi infortuné, moi abreuvé d'amertumes, moi qui n'ai cessé d'aspirer au titre d'époux et au bonnet de coton de père de famille, moi qui meurs d'envie de savourer les douceurs du *conjungo*, c'est moi que vous allez frapper

d'un impôt réprobateur et punir d'être
resté dans l'égoïsme du célibat?

S'il en est ainsi, pas de fausse pudeur,
osez au moins être sincère et avouez que
votre loi est un impôt sur les infirmités
humaines!

Pauvre et bossu, c'est ma bosse et ma
pauvreté qui payeront, puisque si j'avais
été riche et bien fait, je n'aurais eu que
l'embarras du choix parmi ce troupeau
séduisant et nombreux de jouvencelles
qui assassinent les passants de leurs
œillades.

Donc je payerai pour être célibataire
— malgré moi. Mais les cent quarante
cruelles qui sont la cause directe, effi-

ciente de mon célibat ne payeront-elles rien, elles?

L'honorable M. Vingtain répondra sans doute qu'il est Français avant tout, et qu'un Français, même législateur, est tenu d'être galant. D'ailleurs ce projet de loi est précisément conçu dans le but de se mettre dans les bonnes grâces du beau sexe et en particulier des vieilles filles, ainsi que des mamans qui ont des placements à faire.

Parfait! je reconnais volontiers la galanterie, et ne nie pas l'influence de l'élément féminin dans les comités électoraux de Melonville. Mais la justice, Messieurs, la justice! l'immuable justice!!

J'avais donc bien raison, dès le début, de qualifier cette loi la plus inique des lois, puisqu'elle amnistie les auteurs d'un fait et en frappe la victime !

Peut-être m'objectera-t-on que je suis en réalité bien à plaindre, mais que n'é-tant qu'une exception dans la foule im-mense, on ne doit pas s'y arrêter.

Bon ! mais je connais ma statistique. Nous sommes, s'il vous plaît, cinquante mille bossus dans notre belle France ! Or un bancal, un borgne, un cul-de-jatte ou autre écloppé ne valant à mes yeux guère mieux qu'un individu affecté d'une déviation de l'épine dorsale, il en résulte qu'on peut facilement les comprendre dans la même catégorie, ce qui élève le total à plus de trois cent mille !

Est-ce là une exception, une infime minorité ?

Mais laissons les infirmes et les difformes.

Il me déplairait qu'on me crût inspiré par l'intérêt particulier et qu'on ne vît en ceci qu'un brillant plaidoyer *pro domo meâ*.

Élevons le débat en le généralisant.

Je veux prouver que l'amour du vrai, du vrai absolu, du vrai abstrait, seul, m'a fait prendre en main une cause juste, que seul il aiguise ma verve, seul féconde ma parole, et seul enfin fournit à l'abondance et à l'harmonie de ma période.

Voulez-vous que nous nous élancions vers les sommets sublimes et sourcilleux de la psychologie, et que, par des raisonnements aussi subtils qu'inintelligibles, en tout digne de Kant ou d'Hegel, je vous montre l'homme ici-bas, esclave dans son libre arbitre, heurtant sa volonté contre les digues infranchissables élevées par la fatalité, et se révoltant vainement contre la loi de la prédestination?

Voulez-vous que nous abordions la physiologie, et que je prouve la fausseté de la loi, par l'idiosyncrasie des tempéraments, la spécialité de l'organisme individuel, le jeu des fonctions et les prédispositions naturelles ?

Préférez-vous que nous nous en tenions à la physiognomonie et que je vous enseigne comment, rien qu'à la coupe du visage, on reconnaît infailliblement que tel crâne est apte au mariage, tandis que tel nez ne l'est pas?

. Aimez-vous mieux recourir à la chiroscopie? Je vous révélerai comment une simple petite ligne indique clairement, infailliblement, si vous devez prendre femme, ou rester garçon, et même si *elles* doivent pousser dru et ferme comme sur une terre des tropiques, ou rester mignonnes et chétives, comme dans un pot de réséda!

Eh bien, Messieurs, n'entrevoyez-vous pas déjà, rien que par ces quatre mots, de quels vices originels est entaché le projet de l'honorable M. Vingtain? Il tend à forcer la nature des choses! à contrevenir aux arrêts de la Providence! C'est un crime de lèse-nature!

Mais, Messieurs, dépouillons-nous un instant de toute espèce de préventions; jetons un simple regard autour de nous, et voyons comment les choses se passent.

Un jeune homme, après les premières ardeurs de la jeunesse, fatigué de cette série d'aventures et de mésaventures qui sont l'attribut du célibat, cherche un refuge contre les tempêtes de la vie, songe enfin à constituer un douar, ou, comme l'on dit vulgairement, à s'établir. Déjà il croit reconnaître, dans le tohu-bohu de la foule, celle que le ciel lui réserve pour compagne.

Tenez, la voilà ! Dieu vivant ! qu'elle est belle ! Seize ans, dix-sept au plus ! Elle a toute la fraîcheur, le velouté, l'incarnat de la fleur qui éclôt sous les larmes de la rosée et les vierges caresses de l'aurore !

Sa bouche purpurine est une ligne d'une idéale harmonie, et quand elle s'entr'ouvre pour sourire, la voix qui s'en échappe aussi douce que le chant de la fauvette est, comme dit Shakespeare, un vrai tocsin d'amour.

. Je passe sur les autres perfections. Chacun convient qu'elle a autant d'esprit que de beauté et autant de grâce que d'esprit. De plus le papa, vénérable banquier à lunettes d'or, accorde un million de dot, ce qui encadre le sujet d'un rayonnement céleste et subjugue les plus insensibles !

Voilà notre jeune homme amoureux ! Vous le concevez aisément. Même ayant le goût difficile, on le serait à moins. Il s'agit maintenant de mener à bonne fin son entreprise matrimoniale. Et pour ce, que faire ?

Charmer les pierres ainsi qu'Orphée, aux accents inspirés de la lyre ? Bagatelle ! Il faut ici séduire l'idole, d'abord ; ensuite, se faufiler adroitement dans les bonnes grâces de la mère, puis se faire agréer du père, surtout avoir grand soin d'être au mieux avec les domestiques des deux sexes, et même n'être pas trop antipathique au chien, voire à l'abominable matou. Je ne parle pas de la *petite amie*, des oncles et en particulier des vieilles tantes qui ont, à l'imitation de la fille de Jephté, voué leur virginité au Seigneur !

Mettons tout au mieux, supposons que la nature se soit plu à aplanir elle-même les obstacles et que notre aspirant à l'hyménée soit beau comme le jour, Adonis ou l'Apollon du Belvedère. Ajoutons encore — je veux faire la part belle à M. Vingtain — une exquise distinction dans les manières, une amabilité parfaite, une faconde intarissable, et de plus, comme cordes de rechange, toutes les qualités qui peuvent constituer le meilleur des époux.

Il semble que tout doive aller à souhait; qu'il n'y a plus qu'à passer l'habit, à se présenter, à amener la blanche fiancéé devant l'écharpe municipale et à prononcer la formule sacramentelle!

Mais qui définira jamais le cœur de la femme et les fantastiques caprices d'une imagination de jeune fille? Qui vous dit qu'au moment de tendre la main pour prêter le serment solennel, un mouvement irrésistible du cœur, un cri de la passion, ne lui fasse soudain avouer que son amour est donné, qu'elle aime Trinquard, et n'épousera jamais que Trinquard : Trinquard, un vilain laid, ressemblant à un bonnet à poil, mais faisant l'arbre droit sur son cheval et montrant une musculature d'Hercule?

Plus malheureux encore! L'amour de la tourterelle répond à l'amour du tourtereau.

Transportés dans le septième ciel, ils rêvent nuit et jour l'un de l'autre, et trouvent dans cette contemplation réciproque une source ineffable de délices. Ils vivent dans une véritable apothéose. Ils s'enivrent de leurs regards, et leurs yeux versent perpétuellement dans le sein de l'objet aimé le trop plein de leur cœur. Un soir même, Dieu du ciel!

l'étoile brillait mollement dans l'azur assombri, et les mystérieux susurrements de la brise tout imprégnée du parfum des fleurs, invitaient l'âme à des ivresses infinies. Comment cela se fit-il? Leurs mains se rencontrèrent, ils tressaillirent. Leurs cœurs se rapprochèrent et se trouvèrent à l'unisson ! Ils jurèrent de s'aimer toujours, et un baiser chaste et brûlant comme le feu de Vesta, fut le contre-seing de cet engagement. Ils comptent donc sur leur union prochaine. Ouais! Mais voyez la fatalité! Il se trouve que le papa ayant soigneusement vérifié la caisse du prétendu, ne l'a pas trouvée propre à recevoir son million, et rien ne peut le faire démordre de là! Larmes et

supplications, crises, attaques de nerfs, —
superflu! Et comme on refuse de croire
à la férocité paternelle, il se hâte d'allier
sa tendre progéniture au baron de Pal-
sambleu ou au duc de la Mouchette, complétement ruiné, mais qui a le mérite de
descendre directement des croisés par le
marmiton de Godefroy.

Qu'on juge du coup sur le cœur d'un
amant passionné! Il pousse un cri,
porte les mains à sa poitrine, se tord
dans l'angoisse, et se répand en sanglots
déchirants!

Tout était lumière, tout devient nuit
autour de lui. Il erre dans un désespoir
sombre, immense! Le principe de la vie
est atteint! En vain cherche-t-il à pan-

ser sa blessure ; elle est profonde, incurable. En vain, d'une main fiévreuse, tente-t-il d'approcher de sa bouche la coupe des plaisirs : ses lèvres crispées refusent de s'ouvrir ! Il veut oublier, et ne cesse de se souvenir. Il s'expatrie, il dévore l'espace, mais partout le poursuit le spectre déchaîné du bonheur évanoui !

Et c'est cet homme brisé par la torture, cet homme qui n'aspire plus qu'au néant du tombeau, cet homme que le malheur rend sacré, que vous allez, vous, flageller publiquement et taxer arbitrairement, l'assimilant ainsi à un animal immonde ou un produit manufacturé ?

C'est cet homme, auquel vous irez périodiquement rappeler, en lui présentant sa quittance d'impôt, qu'il est célibataire, c'est-à-dire qu'il a perdu à tout jamais sa bien-aimée, et toutes les joies d'ici-bas !....

Mais quel est, — je ne dis pas le percepteur, le receveur, je ne dis pas même le gendarme, — car, sachez-le, sous l'*æs triplex* de sa buffleterie et de ses grandes bottes, le bon gendarme dissimule souvent une fibre non insensible aux choses de l'amour;—quel est l'impitoyable huissier, l'exécrable recors faisant office de bravo, décidé à aller retourner le fer dans la plaie toujours saignante de l'infortuné ?

Peut-être alléguerez-vous encore que ce n'est là qu'une nouvelle exception.

Exception ! Voilà qui est vite dit ! Ah ! combien, en réalité, de célibataires réputés des plus endurcis, ne sont que les tristes victimes d'une pareille catastrophe ! Et si l'innocent ne doit pas être mis sur la même ligne que le coupable, comment les distinguerez-vous ?

Violerez-vous le sanctuaire sacro-saint de la conscience ? Arracherez-vous du fond de l'âme des secrets qu'on y conserve avec un soin jaloux ? Voudrez-vous exposer en public ce qu'on ne confierait pas à son meilleur ami, ce qu'on n'ose se redire à soi-même, qu'à certaines heures de rêveries et d'épanchements ?

Mais comme on ne paye pas ce qu'on n'est pas forcé absolument de payer, chaque individu menacé avouera, ou feindra d'avouer un échec matrimonial épouvantable. Et comment arriver à la vérité ? Rétablirez-vous la torture pour les célibataires, et avant de les coucher sur les registres de l'impôt, les ferez-vous passer à tour de rôle par la question préalable, ordinaire et extraordinaire ?

Mais, direz-vous, pour une femme perdue deux de retrouvées, il n'y a qu'à chercher ailleurs ! Hélas ! vous n'y pensez pas ! Quoi ! j'aime, j'idolâtre une Andalouse au teint bruni, je la rêve éveillé ; à chaque instant je crois mordre les tresses de ses noirs cheveux ; mon être est,

en quelque sorte, tout entier imprégné
de sa beauté, et.... v'lan ! vous voulez
que j'épouse une grande perche de Bran-
debourgeoise , avec des cheveux de
filasse et des yeux de mouton ? Non,
non. — Ici la nature est plus forte que
la loi ! Épouser une femme et en aimer
une autre ! Avez-vous réfléchi que c'est
le prélude immanquable d'un mauvais
ménage. Et un ménage malheureux, savez-vous ce que c'est ? Savez-vous qu'il
n'y a pas de prison, pas de bagne, pas
d'enfer qui lui soit comparable ? Savez-
vous qu'un mauvais ménage est une
couvée de vices ? Savez-vous que le mari
devient infailliblement ou ivrogne, ou
joueur, ou débauché, et la femme infidèle

et marâtre? Savez-vous que toute une famille est ainsi élevée dans le scandale et
la ruine? Savez-vous que cela peut aller
jusqu'au crime, jusqu'au suicide, jusqu'à
l'assassinat?

Législateurs! songez, si la loi passe,
que vous serez désormais rendus res-
ponsables de tous les ménages malheureux, et des conséquences incalculables
qu'ils entraînent.

Beaucoup de gens ne se marient pas,
par un motif de toute autre nature, mais
qui n'en est pas moins digne de fixer
votre attention. Ils sont trop pauvres
dans leur position; car la femme est un
luxe qui demande un superflu relatif.

Cette catégorie très-nombreuse, qui

comprend plus spécialement les petits employés, raisonne comme suit :

« — J'aime Lise, et Lise m'aime. Je l'épouserais bien, et elle m'épouserait bien; mais Lise n'a rien et je n'ai rien. En m'échinant, je gagne, il est vrai, douze cents francs; mais, quand j'ai payé ma pension où je suis plus mal nourri qu'un chien errant, et ma chambre où le vent souffle comme dans une boîte à musique, il me reste juste quinze francs de dette que je mets en amortissement! Ce n'est pas avec cela que j'achèterais des bottines à ma femme! Et puis l'amour ne résiste pas à la misère. Nous savons ce que vaut *une chaumière et ton cœur*. Quand ma Lise aura mangé pendant dix-huit mois des pommes de terre en robe de chambre, avec une côtelette panée le dimanche, résistera-t-elle aux œillades du voisin qui mange du veau en fricandeau tous les jours, et des gibelottes de lapin, mais, la, de vrai lapin ?

Et la famille, qui pousse sans avertir ! Peut-on raisonnablement se payer un mioche au prix où sont aujourd'hui les nourrices et le savon ?

Je n'épouserai donc point Lise, ma belle Lise, l'ange de mes rêves, quoique je sois vraiment né pour le mariage et que rien n'eût été plus délicieux pour moi que de gratiner doucement l'existence, avec une chère moitié qui me consolerait de mes ennuis et me recoudrait mes boutons de culottes ! »

— Quelle résignation ! quel stoïcisme !

— Je demande si cette classe de célibataires sera également imposée ? L'honorable M. Vingtain ne fait pas d'exception. Mais ayant sans doute toujours eu des rentes suffisantes, il n'a pas songé à ce cas d'une terrible et sublime réalité ! autrement il aurait frémi d'horreur et sa main se serait desséchée en traçant sur le papier des prescriptions d'une telle injustice, que c'en est presque de la férocité.

Cependant à cela il y aurait un remède, un remède certain, dont je garantis d'avance l'efficacité, l'ayant vu employer avec le plus grand succès par mon ami Panurge, dans des cas extraordinaires.

Je suis prêt à en livrer généreusement le secret à l'auteur du projet, pour peu qu'il y tienne ; mais je dois l'avertir de se pourvoir d'une suffisante quantité d'eau de senteur et de parfum, car c'est un remède qui transpire fortement le *démocratisme* et même le *démoc-soc*, qui pis est. Il a donc toutes les chances du monde d'être flanqué par la fenêtre par cette fine fleur de la gentilhommerie française, qui n'aime et n'estime de la démocratie actuelle que la sottise de ceux qui les ont nommés !

Cela posé, voici l'affaire : c'est un simple petit projet de loi additionnel, avec un exposé des motifs comme suit :

— Considérant qu'il est du devoir et de l'intérêt de l'État de veiller à la morale et à la salubrité publiques, ainsi qu'au recrutement de l'armée;

Considérant que le mariage est une institution essentiellement morale, sanitaire, salutaire et féconde;

Qu'il est urgent par conséquent de favoriser et de multiplier les mariages entre les citoyens des deux sexes :

Mais attendu que ce n'est pas le tout de favoriser quelque chose, qu'il faut encore le rendre possible;

Or, attendu qu'un homme qui n'a rien et une femme qui n'a rien, ne peuvent matériellement subsister en réunissant le total de leurs ressources:

Par ces motifs, présentons à l'approbation de l'Assemblée le texte suivant :

Art. 1ᵉʳ.

Les jeunes filles pauvres recevront, le jour de leur mariage, une dot dont la valeur sera équivalente à une rente de 1200 fr.

Art. 2.

A chaque accroissement de famille, tout ménage de travailleurs recevra, par tête nouvelle, un accroissement correspondant de 300 fr. de rente.

Art. 3.

Les ressources nécessaires à l'application des art. 1 et 2 seront prises sur les fonds provenant de l'impôt sur les célibataires

---

Hein! j'espère que voilà une loi qui

permettrait à la France de réparer prompt-
tement, et avec avantage, les pertes de
la dernière campagne !

Elle n'a vraiment qu'un défaut, ou
deux !

C'est que, lorsqu'on aurait défalqué
les dotations des jeunes mères et tendres
rejetons, l'honorable M. Vingtain ne
trouvât plus grand'chose pour payer ces
grands choucroutivores d'outre-Rhin, et
que toute l'économie de sa loi ne fût par
là anéantie !

Peut-être aussi craindrait-on qu'il n'y
eût bientôt plus de célibataires, assez du
moins pour payer l'impôt.

Mais passons.

On ne peut être rendu responsable

d'un fait, et par suite, des conséquences qu'entraîne ce fait, là où la volonté n'a point de part. Philosophes, penseurs, législateurs, jurisconsultes, criminalistes, tout le monde est d'accord là-dessus. Eh bien, à coup sûr, je n'en finirais pas, si j'essayais seulement d'énumérer la moitié des cas où le célibat est le résultat de circonstances impérieuses, d'une fatalité inexorable, non-seulement indépendantes de la volonté, mais encore positivement contraires aux libres déterminations de cette dernière faculté.

Mais il y a plus : il y a des cas où le célibat, quoique acte volontaire à tous points, mérite néanmoins l'estime et l'admiration des honnêtes gens, car il est le fruit d'une délicatesse exquise unie à une haute vertu et à une profonde prudence. — Par exemple, mon ami Adumestor, qui ne veut pas se marier, pour ne pas battre sa femme !

Il a renoncé ainsi, de son plein gré, à une foule de partis extrêmement avantageux, très-recherchés, je vous assure. Mais que voulez-vous, c'est devenu une habitude invétérée; c'est plus fort que lui, c'est dans son sang. Depuis vingt ans il bat régulièrement toutes ses maîtresses. Il sent qu'il lui serait impossible de ne pas battre quelque peu sa femme, et il respecte trop *l'ange du foyer* pour s'exposer à commettre une pareille profanation.

Je citerai encore ces gens d'une conscience aussi pure qu'un beau jour d'été,
d'un scrupule vraiment antique, et qui
ne consentent pas à prêter solennelle-
ment un serment contraire à l'essence
de la nature humaine.

Comment ! c'est moi faible créature,
jouet des événements, moi qui ne suis
pas même maître de mes sentiments
présents, et dont l'instabilité est le caractère permanent, c'est moi qui vais
m'engager pour toute la durée de la vie,
dans des liens indissolubles, et jurer une
fidélité et un amour éternels !

Plaisanterie !

Une femme me séduit, la passion me
la montre un type idéal de beauté — je

lui dis que je l'aime, l'adore, l'idolâtre.
— Et c'est vrai — Je l'épouse. — Voilà
que tout à coup je découvre une verrue
que je n'avais pas vue! c'est fini. — Je
la trouve laide comme la servante de
Proserpine !

Est-ce ma faute, à moi, si mon amour
n'a pas pu résister à cette verrue?

Le philosophe blâme les vœux monas-
tiques. On ne voit pas qu'il y ait moins de
ridicule et d'insanité dans les vœux ma-
trimoniaux.

Mais en parlant des vœux monasti-
ques, est-ce que votre impôt, ô illustre
Vingtain, atteindra les moines, moinil-
·lons et capucins de toutes robes, ainsi

que les prêtres catholiques, apostoliques
et romains?

Si oui, il faut absolument accorder
aux susdits prêtres, moines et moinillons la faculté de se marier, et par conséquent décréter un schisme, — ce qui
ne sera probablement pas du goût de ceux
de vos dévots et royalistes collègues qui
en 1871 ont voté des prières publiques;
Si non, les prêtres, moines et moinillons
jouiront d'un véritable privilége, incom-
patible avec la Constitution française, et
qui vous fera regarder par vos électeurs
comme un réactionnaire forcené, un par-
tisan actif du rétablissement des dîmes
et autres droits féodaux!

Jusqu'ici, nous avons vu les trois

quarts des célibataires frappés injuste-
ment par le projet de loi. Encore, ceux-
là avaient-ils rencontré, ou étaient-ils
au moins susceptibles de rencontrer
une femme à leur gré. Mais que dire de
celui auquel cela est impossible ? Que
dire de ces âmes ardentes, de ces esprits
de feu, qui ont entrevu une merveille au
milieu des splendeurs infinies de leur
imagination, et qui comme Don Juan, la
cherchant vainement sur la terre, passent
sur toutes les fleurs sans jamais pouvoir
s'y fixer ?

Un homme, ainsi possédé de la passion de l'idéal, et qui obéit à l'émulation
de sa nature d'artiste, l'oserez-vous con-
traindre de s'unir à une créature vulgaire,

qui le ferait immédiatement dégringoler du ciel? Mais ces aspirations incessantes, irrésistibles vers le beau, la perfection, c'est l'art, c'est le progrès, c'est le génie !

O Dieux ! l'art, la poésie, le génie ravalés à acquitter une taxe ! Est-ce possible ! qui l'eût cru, qui l'eût soupçonné ? Immonde ! Race infernale de Japhet, jusqu'où pousseras-tu tes égarements ? — Mais où cela a-t-il lieu ? En Bochismanie ? — Non, en France ! — A Paris, dans la capitale....? — Dieu soit loué ! le malheur ne va pas jusque-là. Cela ne dépasse pas Versailles, chef-lieu du département de Seine-et-Oise.

— Halte-là ! me crie-t-on. Vous êtes

dans le faux, complétement dans le faux, ce qu'il y a de plus faux.

Le mariage n'est pas ce que vous pensez : affaire d'inclination, de sentiment, d'affection, de passion, d'amour; c'est purement et simplement une affaire de raison, d'arrangements et de convenances !

— Hélas ! triste ! triste ! Et se peut-il, honorable monsieur Vingtain, vous qui êtes sans doute un heureux époux et un bon père de famille, que vous laissiez passer sans protestation une pareille proposition ?

En effet, sous ces mots honnêtes et décents en apparence,— affaire de raison, d'arrangements et de convenances,—

se cachent en réalité la honte et l'in-
famie! Car que signifient-ils, sinon l'ap-
préciation froide, le calcul insensible, la
supputation abstraite des avantages et
des désavantages qui doivent résulter
d'une union projetée? — Cela m'arrangera-t-il, cela ne m'arrangera-t-il pas ;
fais-je une bonne affaire, en fais-je
une mauvaise ? Toute la question du
mariage en est réduite là ! La future ,
celle qui doit être la compagne de toute
votre vie, on ne la connaît pas ; à peine
l'a-t-on vue..... Qu'importe ! — On a
besoin de faire aller son commerce, de
se créer une position, d'augmenter son
bien-être, de payer ses dettes, ou de vivre
en grand seigneur, voilà le point.

Si la mariée se trouve jeune et jolie, on couchera volontiers avec elle ; autrement, on aura des maîtresses.

L'égoïsme hideux, repoussant, s'empare d'une main cupide et désséchée, de la pauvre jeune fille, et aux yeux de tous, du consentement de tous, la conduit dans une chambre préparée, où il salit sa pudeur et profane l'amour !

Affaire de raison et d'arrangements ! Dites donc commerce ignoble, dégoûtant ! dites trafic de chair humaine, véritable traite des blancs ! dites prostitution légale !

Mais je m'arrête et me borne à une dernière et courte réflexion, à propos de l'application de l'impôt Vingtain.

Outre les bossus, bancals, culs-de-jatte et autres difformités physiques, il y a les catarrheux, quinteux, moucheux, cracheux auxquels je joindrais les punais, qui n'ont guère chance de trouver femme.

Si ces gens-là étaient atteints, ce serait, nous l'avons prouvé, une abominable iniquité. Mais quelle expression imaginer, si l'impôt n'épargnait pas même les malheureux poitrinaires, pour lesquels les actes du mariage seraient la mort ! Et ceux qui par leur constitution sont inaptes à ces mêmes actes, ne serait-ce pas atroce d'ironie ?

Comme j'aime à vous supposer des sentiments humains, je conclus qu'il y aura fatalement des exemptions. Mais qui statuera là-dessus ?

Y aura-t-il un conseil de révision pour examiner chaque cas, et prononcer sur ces graves et délicates matières ? Sera-ce M. le maire ou M. le préfet qui proclameront que l'on est propre ou impropre au service ? enfin, dans l'un ou dans l'autre cas, la décision sera-t-elle définitive et sans appel !

Questions de la plus haute gravité et qui réclament les méditations profondes du législateur !

Mais j'aperçois d'ici une objection, ou plutôt une évolution de l'honorable M. Vingtain. Battu à plate couture sur chaque point que nous avons abordé, il cherche à engager l'action sur un autre terrain. Très-bien ! je le loue ; c'est de la bonne tactique et le fait d'un vaillant général.

Les célibataires, dit-il, ne sont point imposés en tant que *célibataires*, ma loi n'a pas le caractère d'une sanction pénale contre le célibat, ni d'un encouragement au mariage ; elle a uniquement pour but de rétablir l'équilibre entre l'homme marié et l'homme resté garçon, dont les situations sont bien différentes.

1° Le premier, en effet, a des charges fort lourdes, — le dernier n'en a pas.

2° L'un fournit des hommes à l'Etat, l'autre rien !

Examinons :

Et d'abord, quant à la dernière partie de la deuxième proposition, je demande qu'elle soit mise à l'étude. Il est impossible de l'accepter sur une simple affirmation!

Certes, je n'entends point nier la vertu procréatrice des maris. Loin de moi une telle pensée! mais il ne faut pas oublier non plus, qu'un grand nombre de pères de famille n'ont bien certainement qu'à se féliciter d'avoir eu pour amis des célibataires jeunes et vigoureux! D'ailleurs, si tout est dans une question d'enfants, soyez logiques et imposez d'abord les mariages stériles !

Venons à la question des charges! Eh bien, je dis que pour être de nature différente, celles qui pèsent sur les célibataires ne sont ni moins dures, ni moins lourdes que les autres.

Vraiment vous n'êtes pas heureux, et le moment est bien mal choisi, de nous venir parler du sort des hommes mariés, à l'issue de cette terrible guerre, dont les célibataires ont porté tout le poids !

Ne sont-ce pas eux qui, par $14°$ et même $18°$ au-dessous de zéro, sans souliers, en haillons, s'élançaient à la rencontre de l'envahisseur, et, pour garantir la sécurité de vos foyers, vous faisaient un rempart de leurs corps ? Et pendant que le froid bleuissait leurs lèvres et congelait leurs membres, pendant que la faim les torturait et les laissait étendus sur les

chemins, que les canons grondaient et faisaient des vides cruels dans leurs rangs !
pendant que les morts et les mourants
rougissaient la terre de leur sang, que
faisaient vos mariés ? Après un confor-
table repas, sûrement à l'abri des cou-
rants d'air avec leurs femmes, peut-être
travaillaient-ils avec ardeur à la ven-
geance future !

Cela vaut-il, oui ou non, des charges
pécuniaires ! Et encore, dans le fond, ces
dernières ne sont-elles en réalité pas
moindres pour les célibataires.

Comme la solitude procure de l'ennui,
le célibataire boit davantage et fume plus
que l'homme marié. D'où il résulte qu'il
paye effectivement plus d'impôts.

Oui mais, dites-vous, quand il prend un cigare, c'est qu'il le veut bien.

Sans doute, mais je voudrais bien savoir si, quand vous prenez une femme, c'est que vous ne le voulez pas ?

De plus, à la charge du célibataire, sont les coupons de loge, les romances nouvelles, les bouquets pour les mamans, les bonbons pour les enfants, l'étrenne pour la nourrice, le pourboire pour les domestiques, etc., etc., etc.

Enfin, comme dernier argument, ce qui prouve d'une manière péremptoire, qu'à tout prendre, le célibataire a plus de charges que l'homme marié, c'est qu'on voit tous les jours beaucoup d'hommes mariés s'enrichir, tandis qu'au contraire on voit beaucoup de célibataires se ruiner.

Ainsi donc, de quelque côté qu'on envisage les choses, l'impôt sur les célibataires ne peut pas se soutenir. Il est contraire à la justice, contraire à l'humanité, contraire à la raison, contraire à l'inviolabilité de la conscience, contraire à la morale publique, contraire à la nature, contraire au principe de toute loi de répartition, attentatoire enfin à la liberté individuelle et même aux inspirations du génie !

— Très-honorables et très-honorés Messieurs, j'ai fini, et je me flatte d'avoir poussé mes démonstrations jusqu'aux dernières limites de l'évidence. Au reste, j'ai trop de confiance dans l'excellence de vos esprits, pour n'être pas convaincu que vous m'avez donné gain de cause depuis longtemps. Je vous en remercie et vais maintenant pouvoir dormir tranquille, avec la conscience d'un grand devoir accompli. L'honorable M. Vingtain en sera peut-être légèrement impressionné. Mais avec le temps, il finira par reconnaître qu'il a engendré un véritable petit monstre — ce dont il n'a pas à rougir, puisque ça arrive tous les jours aux hommes les mieux faits et les mieux constitués.

L'idée de M. Vingtain part d'un bon naturel, mais le point où il s'est placé était mauvais. Il a vu de trop près les misères des maris, de trop loin les félicités des célibataires ! Que ce ne soit pas sa faute de s'être trouvé là, je le veux bien !

Mais, encore une fois, qui donc, en jugeant impartialement les avantages de chaque situation, hésiterait un instant, si la destinée était en nos mains, entre l'hymen et le célibat?

L'un, seul, isolé, perdu dans la foule indifférente, qui coule devant lui comme un fleuve glacé, réduit à chercher dans des plaisirs abrutissants et ruineux l'oubli de cet isolement qui le poursuit partout. — Point d'ami véritablement sûr pour épancher son cœur, lorsqu'il déborde d'amertumes et d'angoisses ; point d'objet qui soit assez vous-même, pour ouvrir complétement ce même cœur lorsqu'il se berce et s'endort souriant à des pensées mystérieuses et enivrantes !

Volé et exploité par tous et partout, malade, livré à des mains mercenaires, ou envoyé à l'hôpital par le propriétaire qui craint de n'être pas payé.

Devenu vieux, infirme, mourant, des héritiers cupides qui contemplent ses souffrances d'un œil sec, supputant les heures qui lui restent à vivre, et ne lui donnant qu'à regret un verre d'eau dans la crainte de le faire revenir.

Aussi, le poëte l'a-t-il bien dit :

Mon lit (*bis*), mon pauvre lit,
Mon lit solitaire

De célibataire,
Par qui je suis heureux la nuit !...

Hélas ! ce n'est que trop vrai ! Le célibataire est si malheureux qu'il a besoin de l'illusion des rêves pour se consoler !....

L'autre au contraire, c'est-à-dire l'homme marié, celui sur lequel on s'apitoie si volontiers et qui semble porter à lui seul toutes les iniquités de la création, suivez-le un instant du regard.

Sans cesse une épouse tendre et dévouée lui prodigue les consolations et les caresses. Il n'y a pas de petits soins, de petites prévenances qui ne lui soient ingénieusement ménagés. Aujourd'hui, des petits-pois primeur, demain une tarte aux fruits ; une autre fois, quelque autre combinaison culinaire vantée par lui. Fait-il froid, humide? Il trouve en rentrant un bon feu et des pantoufles prêtes. A-t-il un léger rhume de cerveau? vite un bon bol de tisane bien sucrée et un chaud bonnet de coton, qu'elle-même assujettit sur son crâne, et sans rire.

Et n'est-ce rien, que de s'entendre appeler *papa*, par un joli petit bambin frisé, qui vient gentiment essuyer la confiture de ses doigts sur votre pantalon?

Oh! l'hymen! mais c'est ici-bas le vestibule du Paradis! Oh! la joie du foyer! mais tous les poëtes l'ont chantée avec ivresse !

Oyez Homère, faisant parler Péné-
lope.

Oyez Horace, lui-même :

Beatus ille....
Quod si pudica mulier in partem juvet,
Domum atque dulces liberos, etc., etc., etc.

Oyez Boileau :

Quelle joie, en effet, quelle douceur extrême
De se voir caresser d'un époux que l'on aime !
De s'entendre appeler *petit cœur* ou *mon bon*;
De voir autour de soi croître dans sa maison,
Sous les paisibles lois d'une agréable mère,
De petits citoyens dont on croit être père !

Voulez-vous d'autres citations ? jamais
Pégase ne fit jaillir source plus abon-
dante !

L'hymen est la vraie terre de Cha-

naan, où coulent le lait et le miel. Les
pauvres célibataires rôdent autour comme des loups affamés !

Sans doute, le sybaritisme des maris
se plaint parfois du pli d'une feuille de
rose, et ces messieurs, exubérants d'em-
bonpoint et de fraîcheur, ont générale-
ment peur d'être... ce que Molière appelle
cocus. — Mais cela même prouve combien eux-mêmes jugent leur félicité
grande, et combien en effet elle est
enviable et enviée, puisque, pour en
avoir quelques bribes, on ne craint pas
de se faire vingt fois casser le cou.

En résumé, la disproportion entre ces
deux créatures, égales devant Dieu, est si
grande, tout est tellement en faveur de

l'hyménée, que non-seulement il ne peut
être question d'un impôt sur le célibat,
mais encore qu'il faut absolument que
les maris songent à faire quelques con-
cessions aux célibataires, si l'on ne veut
pas pousser ces derniers au désespoir,
et marcher d'un pas accéléré vers la plus
terrible, la plus inévitable, et j'ose ajouter,
la plus juste révolution sociale dont l'his-
toire fasse mention.

. . . .

Mon patriotisme et mon amour de
l'ordre me font un devoir de signaler ce
péril au pays et à l'Assemblée.

11871. — Typographie Lahure, rue de Fleurus, 9, à Paris.

www.ingramcontent.com/pod-product-compliance
Ingram Content Group UK Ltd.
Pitfield, Milton Keynes, MK11 3LW, UK
UKHW020939120726
13693UKWH00004B/1426